사소한 자각

형상시인선 12

사소한 자각

은종일 시집

북랜드

시인의 말

'家'에서 '人'으로의 거듭나기 시도를
여과 없이 묶었다.
이제 문학의 길에서 자유로운 '人'으로
낯설게 살고 싶다.

2017년 봄
은 종 일

차례

시인의 말

1 가고 오는

아직도 오랑캐꽃 · 12
명암의 묶음 · 13
봄날의 작심 · 14
봄의 초탈 · 16
경칩 동산 · 18
청암사 춘색 · 19
오월 · 20
가고 오는 · 21
석류 · 22
구멍 · 24
오늘이 청명 · 26
마지막 부탁 · 28
해후 · 29
동조 · 30
넘어진 거울 · 32
미루나무와 탱자나무 사이 · 34
죽 만들다 · 35
알아도 모르는 · 36
조소 씹다 · 38
내가 법주사 · 40
물 만다 · 42

스케치북 열다 2

풋고추 · 44
산중 낚시 · 45
참나리꽃 · 46
스케치북을 열다 · 48
농심 · 49
산길에서 · 50
제비꽃 · 51
능소화 · 52
엉겅퀴 피는 이유 · 53
내력 · 54
뱃살 · 56
달팽이 행적 · 58
담쟁이덩굴 · 59
막걸리 이야기 · 60
사소한 자각 · 62
골목길 가로등 · 63
늘그막 부부 · 64
무정란 편지 · 65
아우성 · 66
팔마도 · 67
동양란 · 68

3 스크럼

붉다 · 70
치성의 자리 · 71
그 꽃 · 72
스크럼 · 74
입추에 · 76
칠포 밤 바닷가 · 77
고향에 살고 싶다 · 78
벌초 · 80
축제 · 82
낭자 길 · 84
호수의 눈 · 85
공덕비, 비문이 아닌 소리로 듣는 · 86
와불 · 87
파도 나무 · 88
순교 · 90
동아리 합창 · 92
속다 · 93
단풍 · 94
거미집 들다 · 96
골목 1 · 97
골목 2 · 98

달 가슴 4

달 가슴 · 100
하매 이월 · 102
안개를 당기다 · 103
바람의 군무 · 104
바람을 낳다 · 106
주상절리 · 107
하산 · 108
휴전선 · 109
길 메타스퀘어 욕망 · 110
시래기 걸린 자리 · 112
축하연 · 114
유효한 태풍 · 116
아내의 엄마공부 · 117
양상군자 · 118
석탑 · 120
겨울 장미 · 122
연말 · 123
선달그믐날 1 · 124
선달그믐날 2 · 125
선달그믐날 3 · 126
시산제 · 127
앗싸! 불뚝 · 128

해설—박윤배
사소한 일상의 가치를 해학적 성찰로 빚은 詩香 · 130

1

가고 오는

아직도 오랑캐꽃

물 찬 제비 꽁지깃
꽃잎 날개로 일어섰다

방천 둑 아래 오줌 누던
건넛집 순희 벌떡 일어서며
미처 끄집어 올리지 못한 민망의 안쪽이
보랏빛으로 촉촉할 때
내 헛기침 소리는
달려든 순희에게 뭇매를 맞았다

오랑캐새끼, 오랑캐새끼

꼬집히고 꼬집혀 퍼렇던 그날의 팔뚝에
누가
또
쳐들어온다

명암의 묶음

동트는 새벽을 쓰는데 어둠이 밀려났다

보름달은 그냥 있는데
몽땅한 그믐이 찾아와 싸리비가 무겁다

찾아오는 봄은 눈부시게 밀어냈으니
몽땅해진 몸을 이제 삭막하고 혹독하게
쓸어야 한다는 것

어느 산비탈 자색 옷 입고 서서
너도 나도 하늘을 흔들기 바쁘다

한 몸이 된 빗자루 고난의 시간 끝나고 나면
묶여있던 끈을 풀고
아무것도 아닌 채 아궁이 속에 던져져
솥의 바닥에 뜨겁게 닿는다

봄날의 작심

미끈거리는 낙타봉을
어머니 젖가슴 매달리듯
온 힘 손아귀에 모아 오른다

눈썹도 허리도 고운 팔공산
신발 끈을 조여 매는 나를
기특한 듯 물끄러미 내려다본다

물살 헤쳐 거슬러 오르면 생生이고
그냥 둥둥 떠내려가면 사死인 걸
뒤늦게 알아버린 나
만년 작심으로 한발 한발
낙타봉 비탈을 오른다

내 곳간에 생각 없이 쟁여놓은
열두 덩이 양식자루 중에
길경吉慶 청하는 대문 입춘첩이
세 번째 덩이 봄의 문을 열고

>

팔공산으로 달려온 나는
새끼 낙타 여기 왔다고
어머니 젖가슴을 더듬는다

봄의 초탈

벚꽃터널 지나
올라간 비슬산 자드락길
까치 한 마리 날아와
탱자나무 숲을 흔든다

깍깍거리면서 앞길로 나선다는 것은
가시의 길을 열었다는 것

그 숲속에서 조장으로 날아가신 숙모가
젖은 혀로 돌아와 봄을 연다

새가 되고 싶어 했다던가, 백마고지에서 행방불명된
스무 살 삼촌이 보고 싶어
숙모는 몸통 푸른 탱자나무에
까치로 돌아온 건 아닐까

다음 생에 태어날 까치를 닮으려는지
겨울 견디고 털갈이 중인 고라니 한 마리

산비탈에서
숙모의 눈빛이다

까치도 산비둘기도 모두 너의 숙모라는
회색 절복 입은 보살들
용연사 탱자나무 우물 아래 둘러앉아
산나물을 씻고 있다

경칩 동산

모였다 흩어지는 구름은
출렁이며 날아가는 날개와 날개 사이
하늘과 땅의 경계에 걸렸다

꽁꽁 얼어있던 실개울 녹인 봄볕은
분첩에서 봄 타는 누이의 얼굴로 건너와
고샅 꿀참나무 우듬지에 닿은
연둣빛 바람으로 문드러지는 사이

검정 가지 매화 끝에서
방금 나온 새알을 굴린다

알 속 실핏줄이 점점 굵어지는 소리에
숲속은 온통 난타의 맥박

활짝 편 어깨로 내지르는 소리에
무덤 속 누이의 옷고름조차도
헐거워졌다

청암사 춘색春色

허리 펴는 구름에게
회색빛 산마루는 이정표다

물오르는 나뭇가지 사이로
소소리 바람 수런거림에
뭉그적거리던 겨울의 두께가
해묵은 갈잎처럼 얇아져간다

머지않아 두 겹 햇살과 함께
내려앉을 초록 치마폭에
조잘대기 시작한 실개울

돌부리에 삐끗한 발목으로
양팔을 든 겨우살이는
겨울을 건너온 내게
기지개를 켜게 한다

오월

잎 피우다 힘 부치면
꽃피울 수 없을까 봐
죽을힘 다해 꽃부터 피우는 나무들

잎 피우고 꽃 피우는
자연의 순리를 뒤집은 것은
역리에 생존을 건 나무의 사투다

끝장나는 봄, 오월
꽃에 밀려서 숨죽이고 있던 잎들이
스크럼을 짜서 일제히 일어선다

저 분풀이에 뒤집히지 않는
세상일지라도
살아야겠다고
살아봐야겠다고
꽃이 남긴 상처를
바람으로 아물리는 잎들

가고 오는

두류공원은 무싯날도 북새통이다

설편雪片 같던 꽃잎이 떨어져도
꽃구름이 남았으니
사람들 제 숨결이 꽃인 줄 안다

바람의 군무 뒤에
차전놀이의 어깨는 눌려지고
다시 찾아온 황사 그녀는
지난밤 풀지 못한 심통으로
꽃잎 생채기 질펀한 포도를
발자국 쿡쿡 찍으며 걸어간다

해쓱한 민낯 자드락길
북으로 달리는 봄의 속도에 놀란 진달래는
풀었던 치맛자락 얼른 당겨 올린다

가고 오는 길목이
한순간 붐비는 것은
못다 한 사랑 때문이다

석류

술이 술술 넘어가지 않아
병원 갔다

의사의 표정은 오장육부를 샅샅이 훑는다
암만 생각해도 암 같다 한다
나직한 한 마디는
너무 늦었다는 것

의사의 사형선고에 더 아파서 병상에 눕기 전에
마지막 자리를 마련하고 싶었던 그 친구
석류붉은식당에 가까운 친구 일곱 명 초대

초대받은 면면이 유유상종 웃음은 밝아도
술이 으뜸원인이니 모두가 가해자
왜 진작 몰랐나가 변명이고
사형선고 받았다고 다 죽더냐가
창밖의 벌어진 석류를 좀 더 벌리는 것

>
물먹은 스펀지처럼 무거운 분위기를 젖히고
모두 와줘서 고맙다며
가해자들에게 술을 권하는 그 친구
“뭐니 뭐니 해도 건강이 최골세”
사형수의 마지막 건배사에
울먹울먹 울먹이는 웃음들

구멍

구렁 건너기, 연못 가로지르기, 벼랑 뛰어내리기, 이어지는 장애물들. 아웃코스 경기를 마치고 팔공산 관봉 아래 인코스 14번 홀 티 박스에 올라서니 오백 미터가 넘는 파5 롱홀이다. "홀 좌우 양쪽은 위험하니 그린과 그린 사이 쪽 갈라진 곳으로 공격하세요."라는 종다리처럼 재잘거리는 캐디 씨의 말에서 색깔을 더듬는다. 드넓은 페어웨이를 내려다보니 저 멀리 환희의 소리를 터트릴 미려한 여인의 아랫배가 보인다. 솜털 보송보송한 그린 비탈의 지름 108mm 작은 구멍이 동서양이 공인한 백팔번뇌 공격목표다. 힘차게 드라이브샷을 하니 슬라이스가 나면서 오른쪽 OB말뚝 앞 소나무 밑으로 날아간다. 나무와 나무 사이로 치면 버디에 지장이 없다는 구멍의 유혹에 스푼으로 내리치니 출렁거리며 페어웨이 벙커로 들어간다. 모래밭의 공을 아이언으로 걷어 치니 또 그린 벙커로 들어간다. 반쯤 묻힌 공을 샌드웨지로 퍼 올리니 그린 에지에 떨어진다. 원거리 파찬스에서 사정권에 있는 구멍을 보고 1차 접근을 시도하니 비탈 아래로 흘러내린다. 마음을 달래며 다시 밀어 넣으니 원금보다 이자가 더 비싸다며 획 밀어낸다. 번뇌의 거친 숨소리 가다듬은 삼세판의 시도에도 냉정하게 돌아선다. 마지막 무릎을 꿇는다. 두 손 짚는다. 엎드려 위치와 들어가는 길을 살핀 후 갓바위 부처님의 가피까지 청하며 정신을 가다듬는다. 정조준하여 밀어 넣으니 그제야 "땡그랑" 응답한다. 밀어 넣기 삼세번 실패자 허리춤 추스르며 읽는 백팔번뇌.

오늘이 청명清明

손 모아 하늘을 올려다보는 나무가
토담 언덕배기에 서 있다

오늘이 청명이니까 숨통을 열어달라고

할머니 짚고 온
구부정한 작대기였던 그 나무
이마 위에 얹은 푸른 호수를 휘저을 듯
팽이처럼 빙빙 하늘을 돌릴 날 올까

놀란 개구리 볼록한 눈이 깜박거릴 때
새파란 하늘에 눈이 시릴까 봐
잎을 피웠을 저 지팡이 나무

먼저 온 꽃잎에 가슴 열어젖혀야
하늘바라기 하듯 환한 체위
발정 난 개구리는 풍년가를 부른다

>
장대 끝에 싸리 빗자루 묶어
때 낀 창공을 척척 문지르는
너도, 오늘도 청명이니까

마지막 부탁

누구나 가야만 하는
누구도 되돌아오지 못한 그곳

의사에게서 가는 달 받아놓았다는 친구
욕심 집착 미련 울분 모조리 뺐더니
몸무게의 절반 빠져나갔다 한다

이제 가볍게 갈 수 있다면서
그 친구가 건네는 마지막 부탁 둘
하직할 때 손잡아주고
염습할 때 느슨하게 묶어달라는 것

내가 해줄 수 있는 것은
느슨하게 묶은 매끼 당겨 보이면서
"친구야 이만하면 됐지"

세 겹 수의에 싸여 답답한 그에게
칠성판이 아늑하냐고
슬그머니 물어보는데

해후邂逅

십수 년을 건너뛰어
무릎 맞댄 병정놀이 악동 넷
변해도 변하지 않은 얼굴이
정겹다

걸어온 길은 서로 달라도
넘었을 언덕들 비슷비슷해
살아온 모습은 닮은꼴이다

날짜가 바뀌어 두 시간이 지나건만
쟁여놓은 할 말이 그냥 남아서
단차가 아닌 이차 삼차다

잘난 놈이 쏘아대는
술값계산에서 비틀린 팔이 아파
엉거주춤 섰다가 쏘지 못한 권총을 잡고
방아쇠 당겨본다

동조同調

원숭이, 닭, 개, 돼지
친구 넷이서 회식을 한다

똑같이 마시는 참 소주
한 잔이 모자란 한 병
두 잔이 모자란 두 병
세 잔이 모자란 세 병
네 병이라야 딱 맞아떨어진다

기분이 좋아 더 시킨 네 병
술이 술을 더 시킨 네 병
더 시켜 마시다가 못다 마신 여러 병

닭 물 먹듯 조심조심
큰소리로 근엄하게
기고만장에 천방지축
으르렁으르렁 삿대질
그다음엔 추하게 퍼져버렸다

>
돼지가 주관한 생삼겹살집 회식
디오니소스에 동조한
사자, 원숭이, 개, 돼지들

* 디오니소스(Dionysos) : 포도 재배의 신 또는 술의 신

넘어진 거울

나의 거울이었던 진초록의 친구가
동색을 버리고 하늘만 올려다본다

넘어져 있다

같이 넘어질 수 없어
서 있는 거울인 내가
넘어진 거울을 보는데
잎들이 몸 떠는 가지들 틈으로
검은 하늘에서 새를 꺼낸다

좋은 일 생길 때
먼저 달려오던 내 친구
나 아닌 너처럼 닮아서
나를 발견하게 하던 친구

누워 있는 거울에서
서 있는 거울인 내게

산비둘기 목털 빛
손수건 한 장 건너온다

미루나무와 탱자나무 사이

키 큰 친구가 두 팔을 올린 채
멱살을 고스란히 내주었다
신용불량자로 사느니 차라리 죽겠다고 한다
이에 한 친구는 사지를 비틀고
옆구리를 찔러서라도 받아내겠다고 한다

어느 편을 들어줘야 할 것인가

두 사람을 떼어놓고 난 다음
두 눈 부라리며 씩씩대던
멱살 잡은 친구를 뒤로하고
멱살 잡힌 친구의 편이 되어주었다

그로부터
가정불화에다 돈 떼이고 친구 잃고
다른 친구에게 인정까지 못 받아서
상심하고 있을 그 친구가
내내 마음에 밟혔다

죽 만들다

호마이카 상에 둘러앉은 여남은 아이들
이밥에 고깃국 앞에 놓고
군위푸줏간 쇠고기 발자국 찾는다
건넛마을 종조부님 생신날 아침이다

대소가 모인 한자리
독상 종조부님 힐끔힐끔
아이들은 식사가 빨리 먹기 시합이다

머슴살이 이십 년 죽은 죽어도 싫어
자손들에겐 밥을 먹이려고
죽으로 버텨온 허리 굽은 세월이 고함으로 건너온다

너희들이 어떻게 알랴
소나무껍질인 듯 서러움 훔친 손등

"국에 밥 말지 마라! 이놈들아, 왜 죽을 만들어"
종조부님 벽력같은 고함소리

알아도 모르는

집으로 오르는 길은
좁다란 수직골목이다

보송보송 솜털까지 촘촘하게 보이는
좁고 밝은 현대식 골목
돌아설 모퉁이는 없고
비켜설 귀퉁이만 있다

향기와 체취는
허물없이 서로 엉키는 포옹
알아도 모르는 사람들
아예 돌아서거나
구석진 곳에 붙어 서서
엉뚱한 곳에다 시선을 꽂는다

벽을 쌓는 냉정한 눈빛
내색을 씹는 표정
침묵이 불안을 삼킨다

>
팔들 내뻗는 무표정이
자기 집 층수 버튼만 고집하는데
"내 십 쫌……."
얼굴 붉히게 하는 건
양손에 물건 든 십 층 여인이다

'인사가 늦었어요.'
'몇 층 가세요?'
할 수 있는 말,
알 수 있는 말,
알아도 몰라서 흘러간 수직골목

조소嘲笑 씹다

조선조 명종 수직受職 교지가
대마역사민속자료관에 걸려있다

스스로 들추고 싶지 않을
내밀한 속살
왜 그들은 굳이 전시를 할까
하필이면 그것도 전시관 들머리에다가
어처구니없다

어처구니없는 어처구니는
교지에 써놓은
'가정嘉靖 34년'이란
명나라 세종 연호다
우리의 운명 같은 슬픈 역사의 속살을
그들은 조소로 걸어둔 것이다

'수천 년 속국으로 지낸 중국은 그냥 두고
기껏 36년 일본에게만 왜?'

일부러라도 그들은 말하고 싶은 것이다

앙다물고 씹는 저 조소에
볼멘 눈길 접어두고
납빛 얼굴 대마도주 무릎 꿇려
장군 박위라도 불러 곡물 독촉하고 싶다

* 박위 장군 : 1389년 대마도 정벌

내가 법주사**

절하러 가는 친구 따라
주기도문 굳은 입 나도
청화산 법주사 간다

비구니 예불 양껏 드신 들머리 마애석불
화안열색시和顔悅色施다

마당 가 정좌한 조선팔도 유일 왕맷돌
네 개 입 합장하고 내가 법주사라 한다

버리고 비우고 간다는 절에
세속 무게 차곡차곡 쟁여 든 나
벌떡 일어난 불심 유전자를
부처님 전 엉거주춤 세워둔다

그 옛날 어머니 숱한 기도에 뒤따르던
원족 길 재잘거렸던 내 기도
부처님 모조리 기억하시려는가

>
넙죽 자비 청한다

* 군위 청화산 법주사 : 신라 소지왕 15년(493년) 창건, 속리산 법주사보다 60년 빠른 당시 거대 사찰(유일 4구 왕맷돌 보유)

물 만다

손님 오셔서
간고등어 노릿노릿하게 굽고
윤기 나는 이밥 놋그릇에 떠 담는데
엄마 치맛자락 매달린 동이
칭얼칭얼 보챈다

남기신 것, 동이 차례라는 엄마 말에
마루 가직이 턱 괴고 앉은 아이 눈은
식사하는 손님 손 따라 상하운동이다

이제나저제나
수저 놓기 기다리는데
손님 손이 남은 밥그릇에 물 붓는다

"엄마~ 손님 물 만다!"
뜰에서 내지르는 아이의 외침
울먹이는 입 틀어막는 눈물 엄마
아이를 데리고 들던 고방

2
스케치북 열다

풋고추

식성 닮은 누이가 풋고추를 보내왔다
탱탱하다

택배상자 풀자 신문지로 돌돌 말렸다
신문지 풀자 찬물에 만 보리밥이 쏟아졌다

고추전 부칠까
아내가 내게 물었다

씹히고 씹히던 아삭함은 어디 가고
누이가 보낸 풋고추 앞에서
허술한 고추포대인 나는
풋사랑도 풋고추도 풋내 나서 싫다

빙그레 웃는다

산중 낚시

등산길 막은 한복 여인이
사탕 한 개와 명함이 든 휴지 한 묶음 건네준다
저번에 받았던 똑같은 선심이다

이번에도 등산모를 푹 눌러 썼으니
나는 그 여인의 시선은 또다시 외면한 채
받아든 사탕과 휴지를 들고
생뚱맞은 관계를 생각했다

오르는 산길이 골고다의 언덕길일 수 있겠으나
난데없이 한복의 여인이라니
불쑥불쑥 내 머릿속을 스쳐 가는 죄업들
하나의 휴지로는 다 닦을 수 없을 법도 한데
'다른 고기 잡으세요'
무심코 입 밖으로 뱉을 뻔한 내 말

거친 숨 몰아쉬며 오르는 비탈길
텁텁한 입안을 한 개의 사탕으로 달랜다

참나리꽃

철거통지문 나붙은 동네 어귀
바람 지나는 길에 참나리꽃이 피었다

달려드는 햇살을 등으로 흘리며
고개 떨궜다

하늘은 하늘나리에게 빼앗기고
땅만 내려다보는 참나리
처연하다

죽은 깨 뒤집어쓴 얼굴로
땅이나 쳐다보는데
어찌 '참'을 차지했던가

땅의 이웃에게 선사하는
그 무엇도 찾지 못한 내가
참나리꽃 앞에서 다소곳이 몸을 추스른다

>
죽은 깨를 뒤집어쓴 채
하늘만 쳐다보는 나를
참나리꽃이 쳐다본다.

스케치북을 열다

끓는 솥에 국숫발이 풍덩 뛰어드니 남겨진 홍두깨는 청상과부다. 애호박 넣은 칼국수에 배를 불린 식구들 멍석 깔아둔 마당은 모깃불이 그리워졌다. 흔들흔들 제멋대로 일렁이는 매캐한 연기에 캄캄한 솔숲에서는 소쩍새가 구슬피 울고 청상인 숙모는 손바닥으로 암수 달라붙은 두 마리 모기를 한꺼번에 잡는다. 시간의 좌표 위에 올려진 삼태성 북두칠성은 어머니 숙모 두 청상과부 손으로 들어오고 도란도란 얘기하며 건너는 은하수 앞에 두고 화살의 깃털로 한숨 꽂아 날린다. 이때쯤 습관적으로 졸라댄 옛날이야기는 뿔 세 개 달린 도깨비다. 여름밤은 반쯤 열린 젖무덤이다. 무서운 내가 베고 누운 어머니의 무릎이다

농심

꾸덕꾸덕해진 무논 논두렁은
외줄 콩밭이다

구덩이 파는 엄마 뒤에서
나는 콩을 심는 조막손

벌레 밥, 새 밥, 우리 식구 밥
구덩이마다 콩알 세 개씩 넣는다

몽구리 까닥까닥 익힌 농심이
벌써 다녀간 새와 벌레 족적 위 서성인다

엄마도 나도 "훠이~ 훠이~" 이중창
나머지 한 알은 건져야 한다

산길에서

늗개에 젖은 꽃과 산새가
주거니 받거니 부르는 노래가
산길을 구부린다

푸른 물이 뚝뚝 떨어지는 숲
출렁이는 우금을 돌아보는 물소리가
산길을 다시 펴는 아침

오금을 잡는 사점을 지나면서는
가벼운 깃털을 앞세운 초심이
포기의 유혹과 싸우기 시작한다

꽃 산새 숲 바람 물과 더불어
한발 두발 오른 멧부리에서
벗이 된
아들과 함께 내려갈 산길
굽어본다

제비꽃

어머니 묘지는
제비꽃이다

젖 냄새 그리운 멧돼지가
아랫목 솜이불 속에 묻어둔
내 공깃밥이 탐나서
콧김으로 봉분을 민다

밀다 간 그 자리
흩어진 다발처럼
흰 제비꽃 핀다

능소화

소화빈 담장을 감아 오르느라 뻗친 손
담장 밑 잔해에는 피 묻은
첩지머리 호박비녀
연둣빛 당의 자줏빛 옷고름
장맛비를 기다리고 있다

이러한 거추장스러움에도
시련의 아픔이 있을까
내게 밤중에 전화를 걸어온
서정시를 좋아하는 k 시인에게
비 그친 뒤 뜨거워서 통째로 떨어진
담장 아래 능소화
나 급히 찍어 전송할 수밖에 없었던 것

내 안에 박혀있는 화인은
꽃이 피고 지는 동안에도
저 담장을 뚫지 못했는데
수직 담장 아래 떨어진 능소화

오늘은 함께 누워보자는 눈빛이다

엉겅퀴 피는 이유

진분홍 립스틱 바르고 화사하게 웃는
안지랑 다방 홍 마담
웃음 뒤에 밀어 올리는
너의 가시는 어디를 찌르려는 것일까

견디고 견뎌서 물길 건너온 징검다리에게
먼저 보여주던 것이 가시였는데
아 오늘 아침엔 분홍의 웃음을 열었구나

한 몸 떼어 주어도 아깝지 않을
헐티재 넘어 풍각에서
허벅지 튼실한 상머슴 판도가
꽃 보러 온다는 연통이라도 있었던지

내력

대구의 맨해튼이라 불리는 범어네거리
울가망하게 노거수 버텨 서 있다

큰 도로 내면서
고층아파트 들어서면서
상동이 버린 상동 은행나무
두 번이나 수족이 잘려
강제이주 당한 곳이 범어네거리

은행마을 전설의 주인공이던 은행나무
발치에 둘러선 풀들의 갈증을 다독이고 나서야
남은 이슬 몸 안에 쟁여 넣던 상동 은행나무

중세기를 관통해온 화석의 몸체에서
재활 35년 새로 일으킨 다섯 줄기는
노거수 생과 사의 병존

이따금 찾는 이에게 들려주는 개벽 이야기

지금은 범어네거리 풍요 앞에 섰지만
재활의 고통으로 일으킨 생의 에너지
다섯 줄기가 피워 올린 잎들은
다이내믹한 푸른 깃발이다

뱃살

잦은 술판에 휘둘리고 나니
올라야 할 지하철 계단
바라보기만 해도 숨이 차고
몇 발짝 뛰어놓는데
겁 속으로 덜컹 소리를 내며
떨어지는 별을 봤다

어릴 적엔
배를 앞으로 쑥 내밀었고
부자라는 동작을 보여줬는데
청년 시절엔
접히던 아랫배에 숨을 불어넣었는데
더 이상 뱃살이
인격이 되지 못한 어느 날부터
뱃살은 만병의 끄나풀이라는
소문이 돌았다

몸이 마음에게 빚진 만큼

점점 무게를 더해가는 뱃살
안 돼 안 돼 하면서
늘 지고 마는 식탐과의 연장전에
나의 체중계는 이제 숫자의 눈금 위에
지하철 계단에서 만났던
아찔한 별의 숫자를 그려 넣는다

식탐으로 출렁이는
뱃살을 올려놓을 때마다
자제력 잃고 떨어지는 허약한 별들

달팽이 행적

달팽이의 속도를 삼키는 건 등의 껍질이다 장맛비 흠씬 두들겨 맞고 나자 텃밭은 기어간다 등에 업고 다니는 껍질이 그나마 유일한 집이자 피난처 뼈를 깎는 소용돌이 만들기가 달팽이의 숙명이다

담쟁이덩굴

몸속에 벽 하나 다 집어넣은 나는
처마의 소매 꽁꽁 틀어잡고
지붕나라 깃발에 눈시울 붉힌다

천애절벽에서 사지로 더듬는 경전
그 뜻 깨우치려는 길은 얼마이런가

막걸리 이야기

아픈 마음 달래주고
시름을 풀어준다는
막걸리 맛은 쓰지도 달지도 않다

종갓집 형수도 그랬다
말로는 술은 술일 따름이라면서도
팔순 늙은이 십수 년을
밥 대신 드셨다는 막걸리

대소사로 엇갈리던 시시비비가
종부의 술상에서 잦아든 것도
어쩌면 도드라지지 않는 맛
막걸리 때문이라는 생각이 얼핏 든다

불끈 일어난 천둥이 지팡이 없어도
완만한 종부 손끝에서 고분고분 익어
독 속 시간을 견뎠으니
장대비의 시간을 지나온 내가

꿀꺽꿀꺽 마신다 해도
슬픔도 분노도 뭉근해지고

사소한 자각

중요한 것은 사소하고
사소한 것이 중요하다

살아오느라 살아갈수록
못내 갈망했던 그것들이
누릴 가치가 없는
사소한 것이었다는 것은
사소해진 지금에서야 안다

실패도 성공도
소유의 눈으로 본 것이고
살아보겠다고 버둥거리던
존재는 어디로 가고

사소하지 않은 사소한 사소가
내가 자식임을, 아버지임을, 남편임을

알게 한다

골목길 가로등

붉은 눈 하나가 추억에 젖어
오가는 이들을 지켜보고 있다

삿갓을 쓴 채 꼿꼿이
굽은 골목 가장자리에서
하루를 짊어지고 집으로 드는
무거운 발걸음을 따뜻한 눈길로 맞는다

붉은 빛 위무에는
비가 오나 눈이 오나 바람이 불어도
한 치 흐트러지거나 물러서지 않는
당당함이 엿보인다

저만치 보이는 달성공원 노거수에게서
배운 인내와 베풂으로
머지않아 찾아올 내 첫사랑을
보듬어줄 수도 있겠다

늘그막 부부

앞서거니 뒤서거니 피운 웃음꽃
앞산 둘레길을 부부가 걷는다

나무도 풀도 꽃도 새도 개울물도
같이 웃을 수 있다는 게 부러운 산길

아이들 키우고
사글셋집 전셋집 아파트 직장 오르고 오르다가
차오르는 숨 이제야 내려놓는 둘레길

묶은 것인지 묶인 것인지
내 것 내 몸이라는 믿음 하나가
서로의 손을 꼭 잡는다

나밖에 없다던 여보가
자기 밖에 나를 두고
늘그막에 혼자 참 바쁘고 숨차니
이 또한 어여쁜 산길이다

무정란 편지

그녀가 내민 입대선물
책 한 권 읽으라고

눈물얼룩 포장을 벗겼더니
일주일에 한 통으로 계산된 150매 우표뭉치

그녀에게 붙여 보낸 것은 딱 한 장
나머지는 쥐가 물고 가버렸다

약속의 무게는 점점 줄어만 갔고
들쥐가 나눠 붙였을 그만큼의 편지들이
군부대 앞산 비탈에
사철 꽃을 피웠다

첫사랑은 무정란 같다는 말
오늘 나는 꽃핀 풍경 사진 한 장을
기다림에 눈 깊어진 그녀에게
보낸다

아우성

서원의 현판 검은 바탕 흰 글씨가
왜 오래오래 추앙을 받는지
고민하던 K씨는 간판 디자이너였다

그는 길을 걸으니 길이 보인다고 했고
아우성도 보인다고 했다

잘 보이려고
밀리지 않으려고
살아남으려고
조바심 발버둥치는 이기심 찌꺼기들이
건물과의 부조화
이웃과의 부조화를 낳는다고 했다

거리가 무질서하니
걸음걸이도 불편할 수밖에

붕어빵식 통일도 몰개성이어서
우리를 숨 막히게 하는 것을

팔마도八馬圖

거실에 갇힌 여덟 마리 말
한 번 더 액자에 갇혔다

준마의 기표인 부귀, 출세, 장수보다
화가의 명성부터 들먹여진 팔마도
무운장구, 일취월장이란 화제가
눈 부릅뜬 금력의 채찍소리를 낸다

보는 곳이 다른 여덟 마리가
같은 방향으로 내달리는 말

펄쩍펄쩍 뛰는 군마를 보니
불끈불끈 새 힘이 솟구친다는
친구의 집들이 초대에 가서
거실 액자 밖으로 뛰쳐나온 말인 듯
나 우렁찬 말 울음을 보탠다

동양란東洋蘭

꽃이 핀 것과 피지 않은 것
저마다 이름표를 단 난은
출판 축하행사장의 귀빈이었다

푸르고 싱싱한 건 직접 챙기고
옅은 색 잎맥으론 인심을 썼더니
뒷날 '잘 키우라'는 보낸 이의 당부가
난에 문외한인 나를 부끄럽게 했다

똑같이 물주고 정성을 나눠도
서양란은 껄떡거렸고
동양란은 언제나 새들새들 배가 고픈 모양새

속 태우다 지쳐 포기할 즈음에야
잊지 않은 옛정 향기로 내지르는지
꼿꼿이 일어난 꽃대 층계마다
나빌레라 얹어둔 꽃잎들

3

스크럼

붉다

봄꽃 올라가며 닦은 길로
단풍이 내달려 내려온다

나날이 15마일씩
설악산에서 오대산 치악산 월악산
속리산 거처 스무닷새나 걸렸다며
팔공산 자락에 와서
뒤축 나간 운동화를 꿰맨다

복자기 복장나무 신나무 흔들어대던
바람의 손발까지 붉다

도타울 대로 도타워진 멥새 한 마리
가랑잎 나뭇가지 박차는 가랑잎 밟고
붉은 노을 향해 날아오른다

치성의 자리

마을을 내려온 산그늘을
어머니는 뒤꼍 장송에 묶어두고 싶어 했다

떨어진 솔잎이 소쩍새의 눈을 찔러
밤마다 새는 어찌 그리 캄캄하게 울었던지
삼, 사경을 모르는 고양이는
새벽녘 푸른 바람을 똬리에 이고서도
과수의 결기를 발톱으로 긁는다

철부지 외아들 물가에 내놓은 듯
두 손 모아 소지를 태우던 어머니 자리에
망초꽃 이고 선 나를
장독대는 물끄러미 바라본다

흰 치마저고리도 쪽머리도
시중들던 누렁소도
다 떠나고 없는 옛집 마당에 들어서는데
장송에 묶인 산그늘에 소쩍새가 와서
점자경 심청전을 손끝으로 읽는다

그 꽃

들국화이지 싶어 물어보면
구절초이고

또 들국화이지 싶어 물어보면
쌍둥이 같은 노란 꽃
산국과 감국으로 나뉘고

또다시 들국화이지 싶어 물어보면
생뚱맞은 이름
쑥부쟁이란다

앞들 뒷들 훑고 다녀도
감국 산국 구절초는 있는데 들국화는 없다

앞산 뒷산 훑고 다녀도
개미취 뇌향국 쑥부쟁이 갯국화 해국
그늘취 참취 미역취 지천인데 들국화는 없다
강변 해변에도 없다

>

어찌하여 들국화는 없는가
있어서 부르는 그 이름
어디서도 찾을 수 없는 그 꽃

스크럼

대구올레길 막고
장송 한 그루 거꾸로 누웠다

힘들었을 가풀막 삶을
간밤 태풍 차바가 거둬갔다

하늘로 쳐든 부실한 뿌리
부러지고 찢어진 굽은 등
처연한 반세기 삶이 거기 있다

잡아주고 당겨주는 숲 세상을
뿌리들은 스크럼을 짜고 있다고
저 혼자 외롭게 말하는구나

"애야
 대구올레길 큰 소나무 뿌리째 뽑혔다"

손전화 끄집어 들고

큰소리 뻥뻥 치는 독불장군 불러내어
뜬금없는 한마디 한다

입추立秋에

추~ 추~
매미들 날개 젖어 운다

노랫가락이 설친 잠을 뿌리치는 밀문 같아서
귀뚜라미 분답다

가을을 들쑤실 바람을 데리고 와서
이제야 돌려보내려 마중하는 소읍 대합실
계절의 우듬지는 시동 켜둔 버스들 즐비하다

매미는 매미대로
귀뚜라미는 귀뚜라미대로
나는 나대로

감나무는 감나무대로

칠포 밤 바닷가

뜨거움을 안고
물밀 듯 몰려들었던 인파 인파들
며칠 각단에 어디론가 다 가고
칠월 그믐밤 어둠만이
칠포 바닷가 빈자리를 채웠다

내연산에서 불어오는
하늬바람의 유희가 왜 분주한지
가만가만 다가가 귀 기울인다

포말 포말에 실어 나르는 소리에
켜켜이 벗어놓은 뜨거움의 잔해들

시를 사랑하는 그녀와 쌓았던 모래성이
흔적도 없이 사라진 바닷가
어두움의 빗장을 푼다
시작의 마중물을 긷는다

고향에 살고 싶다

내 고향은
군위 도리원 안계 선산 해평 장천
육방 삼십 리 그 가운데 낭성浪城

청화산 용두봉 아래 맑은 위천이 휘돌아 가서
그대가 그려도 좋을 한 폭 동양화다

예와 효의 미담이
눈 맑은 아이들 키워내던 곳

박朴 은殷 이李 삼성의 집성촌
선령들의 성성한 웃음이
빽빽한 소나무를 뒷골에 키워
내가 누울 자리도 아직 거기인 고향

어릴 적 친구들 훌훌 떠나고 없어도
사색의 글 쓰다 돌아온 눈으로 보면
풀 나무 돌 어디에나 눈에 익은 얼굴들

>

수구초심首丘初心 일어나
어느 날 문득 찾아올
죽마고우들이 기다려지는

벌초

포위되었던 억센 수풀에서
할아버지 할머니 장마 뒤끝에 일어선다

산새도 다람쥐도
등 굽은 청솔가지까지도 깜짝 놀라
위잉~ 위잉~ 산천을 뒤흔드는
금속성 굉음 속으로 든다

내려앉은 할아버지 무릎도리에 예초기 놓고
"한 시간만 참아주세요!"
절 꾸뻑

시끄럽다
이놈들아
사랑문 화들짝 여시고 장죽 곧추세워
아이들 내쫓으시던 할아버지 목소리

조선낫은 아니어도 밀려난 면도 거품인 양

잘린 풀이 내뿜는 향기가 좋으셨나 보다

시동 끄고 사방을 둘러보니
적요하다

축제

가장행렬 가두의 환호 박수가
잠든 금달래를 깨운다

검은 치마 흰 저고리 검정고무신
옷 보따리 한 뭉치 낀 헐거운 옷매무새지만
소문난 호색녀 감출 수 없는 미모다

시집에서 소박맞고
친정에서 박대당하고
동가식서가숙 낳은 아이 잃고
정신 줄까지 놓았던 비련의 여인

젊은 신사 앞에 희죽거리며
훌러덩 치마 벗는 알몸시위를 하고
양장차림 예쁜 여자 만나면
따라가며 머리채 잡아 흔들고
조무래기 악동들 조약돌 던져도 히히
꼬챙이로 너덜치마 들어 올려도 히히

그래도 어르신 만나면 넙죽 큰절을 올렸지
미쳤던가,
의뭉했던가?

"대구 가서 금달래 보고 왔나?"
"못 봤으면 거짓말!"
큰 장과 달성공원이 대구의 대표이고
그곳의 금달래는 대구의 명물이었던 것

해방 후부터 들려온 것은
개장수가 심양에서 봤다는 이야기
문둥이에게 붙잡혀갔다는 이야기뿐

낭자 길

천평삼거리는 두 갈래 길 선택형이다

곰재를 넘어갈래
큰길로 갈래
둘 다 해답일 수 있어서 갈등이다

왁자지껄 안령장터는 고향소리
과수원길 사과향기는 고향냄새
나락들판은 금빛 고향그림

손을 흔드는 건 깨금발의 솟대
큰 눈 치뜬 마을 표석은 엉덩이를 들썩인다

고향 낭자 가는 길만큼
익은 감처럼 달고 맛있는 길을
나 어디서 만날 수 있을까

호수의 눈

분내 물씬한 호박꽃 암술 꺾어
수컷 왕잠자리 아랫도리에 발라 띄우니
동네 수컷들이 태풍 속 구름처럼 몰려든다

오다리 철~철~ 오다리 철~철~
왕잠자리 홀리는 부들도 익어가는 연못
시월 하늘이 잠자리 날개 속에 갇혀
호수는 더욱 파랗다

고개 들어 하늘 자리 올려다보니
실로 묶인 내가 가짜 왕잠자리
파란 호수 위에 거꾸로 매달렸다

풍덩 내리꽂히고 싶은 시월 호수에서
남빛 구름 헤치는 나는
못 둑 따라 힘차게 내달린다

공덕비, 비문이 아닌 소리로 듣는

귀부龜趺 등에 비석이 박혀있다. 등짐에다 불안까지 얹어 업었다. 껌뻑거리는 눈을 겁이 조종하는 중인가. 상전을 욕보인 하인 같다. 그것도 머리는 용, 손은 독수리, 등은 거북, 꼬리는 뱀의 형상을 하고서. 용의 6번째 아들 비희贔屭다. 비문을 읽으려는 눈앞에 엉거주춤 들이미는 거대한 비석. 중심이 봉합된 허리를 짚는다. 땜질 틈새에서 공포의 소음이 쏟아진다. 오십 년 전, 핏발 세워 난동을 부렸던 홍위병들의 군화소리, 닥치는 대로 짓부수었던 해머소리 들린다

와불臥佛

햇살이 오래 말린 북지장사 툇마루
금강송 나이테 위에 누워
눈썹 싸리비로 하늘 척척 쓸고 나니
눈이 시리다

은은한 독경소리 무심으로 듣다가
저만치 홀딱 벗은 감나무
찾아오는 까마귀에게도 밥 먹으란 걸 보니
홀딱 벗고서야 비로소 부처가 되었구나

뒤따라온 뒤바람 자꾸 길을 서둘러도
나 팔베개로 꿈쩍 않는데
저 먼저 옷깃을 여미는 갈바람
풍경 흔들어 갈길 재촉한다

파도 나무

겨울 마당 가에 서 있던 배나무
밑동 자르니 나이테만 남았다
완급 둘둘 감겨진 파도 냄새
삼대 칠 가르마로 나누던 허공이
텅 비어 있다

가끔 포마드 빛 구름이 와서
너무 어려 보인다고
이리저리 길을 낼 적에
저 배나무 가지 찢길 만큼
많은 배를 매단 적도 있었지

그러나 배나무에게는
위엄 지닌 새들이 그리웠고
지천명의 가슴으로
첫 서리를 껴안기도 했지

가을이 귀밑에 와서 닿을 때

제야의 종소리 앞에서
삭은 가지 내려놓으며
파도를 쓸던 배나무
지금은 굵어진 몸통으로
누구라도 숨겨주고 싶은지

현이 옥이 희야의 옷자락이 보일까 봐
짓무른 눈으로 젖어
소리 없이 내리는 눈을 가려주고 있다

하늘은 다 내려놓고 난 뒤에도
환생의 살 냄새로
파도를 일으키고 있다

순교

어머니가 일궈놓은 고추밭
서리 내리기 직전 고춧대에서
가속의 시간을 딴다

쪄먹고
부쳐 먹고
무쳐 먹고
담가 먹고
불 지피고
남새밭 돋운다

말려서 지피는 불
남새밭은 한 번 더 맵다

가진 것 몽땅 내어주고
고추는 끝내
몸까지 태워 바친다
순교다

>

앗! 뭉개 뭉개 흰 피

하늘로 솟구친다

동아리 합창

화요일이면
산에 오르는 동아리가 있다

이순 체력 벼랑길 타고
칠순 근력 오르막 오른
일곱이서 이룬 700회 산행
어깨띠 두른 금오산성이
이끼 낀 바위 등으로
발바닥 세상 때를 씻어준다

노력만으론 턱없다는 것을
회원 모두가 알아
정상주로 제단 꾸며
신령님의 가피에
입 씻고 몸 씻고 삼배한다

다음 목표 1,000차까지
함께 오르자고
뚝배기 술잔에 합창의 목청을 헹군다

속다

먹자골목 미운오리식당 집오리실
꽉꽉 꽥꽥 문짝 뒤흔드는 소음은
텔레비전 사극드라마에 나오는 정난정
안방 여인들이 두들겨 패는 소리다

천민부터 정경부인까지
요녀가 범한 갖은 거짓, 악행은
오백 년 묵었어도 희석도 발효도 없다

주인공 못살게 하는 나쁜 이들 악행이
드라마 전개이고
주인공의 승리가 예약된 나쁜 이들 벌주기가
드라마 결론인데

울고 웃는다
선한 시청자들 분통을 터트린다
허구인 줄 뻔히 알면서도

힐끔 기웃 눈동냥 오리걸음 부추긴다

단풍丹楓

아직 바람이고 싶은 그대에게
그냥 스쳐가지 않는 것이
나 붉은 바람이 아니던가

길섶 늦깎이 코스모스 당겨
금호강 휘감고 돌고 싶은
그대 얼굴에 비벼주고 싶다

립스틱 진하지 않아도 눈웃음 고운 그녀
옷깃 살짝살짝 여며보고
치맛자락 살랑살랑 흔들어보고
왼팔 말아 살포시 팔짱 껴보고
살 내음에 가슴 떨려보고 싶다

아직 바람이고 싶은 사춘기 그녀에게
한 아름 안겨주는 바람꽃이면 어때

단풍나무 아래서

쓸쓸한 등 보일지라도
붉게 물든 바람이고 싶다

거미집 들다

미완의 새벽이 사박사박 오르는
들쑥날쑥 숨긴 숲길 길섶
허공 빗장을 무당거미가 연다

아침이슬 걸터앉은 허기는 검어서
금빛 비단 대문을 지키는가
성긴 성채는 햇빛 따라 춤춘다

임전무퇴 성채의 요새에서
외줄에 인내 숨은 발판 출렁임은
그네타기가 시작된다

걸으면 걷는 대로 열리는 길이
꽁지 숨긴 포승줄이 되어
그물로 짜인 집에서
거미는 두 눈 부라리고
허공을 짚고 있다

골목 1

가위 소리 앞세운 엿장수 뒤에
땟국 낀 아이들이 우르르 밀려들고
긴 그림자 안고 주머니를 털다
엿 가루 속에서 부스스 일으킨 몸

골목 2

빈집에 기댄 토담 발치엔
소꿉놀이 색시 순희가 늙어간다

포동포동 팔다리는 검버섯 앉혀두고 이울어 처져
동백기름 쪽머리는 희끗희끗 성기고 있다

떠난 아이들 아득해질 때
꽃단장 곱던 얼굴 기억하던 바람이
내 발치 끝에 찾아와
순희의 고사리손으로
민들레 밥상을 차리고 있다

4

달 가슴

달 가슴

문무대왕릉 바닷가 새천년 해맞이 갔다가
도톰한 엉덩이만 밖으로 드러낸
돌 하나 보쌈해왔다

돌의 몸에 뜬 정월대보름 둥근 달
때 빼고 광내어 선반 위에 얹어두니
돌은 두둥실 언제나 보름이다

풍찬노숙風餐露宿 수수만년
토함산서 갈라져
대종천 구르고 깎이어
파도에 부딪히고 쓸리고 있었으니
너는 모든 각을 버리고서야
달 문양 하나 얻었겠다

해맞이하겠다고 엉덩이 흔드는 내 꼴이
너에게 한 보따리 웃음을 안겼던가
배꼽 쥐고 데구르르 구르다가

내 발길에 차여 떠오른 한 덩이 돌

궁금한 너의 소망이 나의 소망을 닮았으니
흑요석 가슴 가운데 흰 달을 품었구나

하매 이월

방한복 차려입고 집 나섰다가
푹한 날씨에 외려 불편하여
풀어낸 털목도리 무장

앞산 잔설은 흑도 백도 아닌 어중간

하매 이월은 열두 달 중 덩치가 제일 작아
덜 차고 부족함으로 여겨지지만
꽃 세상을 열어주는 햇살 마중에
새벽 불러오는 울음 닭

그냥 건네주는 목청이 아닌
씨앗 껍질 훌훌 벗겨내는 불의의 전율
하매 이월은 눈코 뜰 새 없이
바빠도 좋겠다

* 하매 : '벌써' 경상도 사투리

안개를 당기다

방천 둑 아이들이 날리는 방패연
다산벌 뒤바람 속으로 흘러간다

삼랑진 내려가다
사문진 낙동강 물 만나고
천왕봉 휘감다가
비슬산 안개구름에 든다

슬프고 아프고 힘들었던 시간도
다지고 다졌던 옹골찬 마음도
모두 흘러갔다는 것

흘러가지 않으면 썩어서 죽고 말 것 같아서
흘러갔다는 것

흘러왔으니 흘러간다는 것
안개의 입자를 갑옷 비늘처럼 껴입은 방패연
또 흘러오고 있다는 것

바람의 군무

목구멍은 콸콸 물소리

나무와 풀 사이 벌어지고
나무와 나무 사이
나와 당신 사이 시큰둥하니
잎사귀 떨군 나목들
외려 어깨 으쓱댄다

화왕산 은빛 물결 억새밭
검불 상처 하오 빗살이 어루만져도
뒤바람 줄기찬 휘몰이다

일어서고
드러눕고
비틀고
맨살 비비대는
억새의 사투다

>

늙은 억새들 가쁜 숨소리
처연하다

바람을 낳다

바람 가르마 같은 길 틔울 때
알 구름 날개를 달 때
팔공산은 몸 틀었다

소나무 전나무 단풍나무 참나무도
바위 어깨도 계곡 너덜겅도
쑥쑥 낳아놓았다

산짐승부터 산새까지
나무벌레 풀벌레까지도
여인이 어질러놓은 자리
따라서 몸을 추슬렀다

비탈 매달려 동봉 오르는 일행들
한 품에 안기듯
다시 수태를 꿈꾼다

주상절리

갈증이 깊어서 허연 거품으로
주름치마 더듬는 파도가 있다

언성을 높여 씩씩대다가
힘이 부쳐 조곤조곤 나누는 이야기
거품 물고 천방지축 다가온 게는
노래는 무슨, 몸의 이야기가 먼저라 한다

일방적으로 부서져도 좋았다
일방적으로 받아줘도 좋았다
볼멘소리로 서로가 '을'이라며
주야장천 춘하추동이 철썩인다

부서짐을 받아주다 만나는 오르가즘의 길은
머리 희끗한 억새 같은 포말이다

하산

새들의 쉼터 다람쥐에겐 놀이터
바람의 날개로 몸을 뒤틀며 묵새긴 나이테

몸부림쳤거나 뒤틀린 눈으로 바라보던 하늘이
둥근 기록을 남겼다
위무 받았으니 위무한다는 것도
무영의 영도 빼닮은 노송

그가 서두른 하산은 대구의 범어네거리
사람들은 송하처사도 아래
새들처럼 다람쥐처럼
등 굽은 소나무 속으로 들락거린다

휴전선

철조망 사이에 둔 남과 북
밉도록 멀다

갈라선 한 핏줄 한 형제
서럽도록 가깝다

바람 소리 물소리 새소리
검문에 걸리고 철조망에 막힌다
가깝고도 멀다

휴전선에서 바라보는 남과 북
밉도록 가깝고 서럽도록 멀다

길 메타스퀘어 욕망

황사 몰려오는 오월의 하늘 길에
메타스퀘어 줄줄이 서 있다

감긴 나이테로 보면 같은 나이테인데
높은 음계처럼 불쑥 솟은 나무도 있다

원뿔꼴 오르고 오르기 수십 년
있어도 없었던 아버지 거기 서 있다

떨거지 따리꾼들 경쟁 아닌 전쟁터
오금 사태 불난 나는 줄잡은, 줄 선, 줄 지킨,
수직 사고, 직선 몸짓

되돌릴 수도 되찾을 수 없는 도사리
행복의 꼭대기는 언제나 세찬 바람

메타스퀘어에는 언제나
무늬만 아버지였던 나

죄인 아닌 죄인 같은 나

대박을 겨누다가 뚝뚝 떨어져 나간 파편들이
황사의 매운 춤을 온몸으로 쓸고 있다

시래기 걸린 자리

잊으려도 잊을 수 없는
향수의 책갈피다
마른 속살 시래기 같은 시간이
가슴마다 가슴 시린
처마 밑 외줄에 걸려 있다

해거름 뉘엿뉘엿
뒷산으로 넘어간다

병정놀이 빈자리
석굴처럼 깊고 캄캄한데
빈 골목이 일어서
검은 하늘에 안긴다

병정놀이 적장
만나려도 만날 수 없다

가을도 겨울도 아닌

어중간한 계절에
하늘바다에 황금물고기 방사하듯
불어오는 높바람

내 마음 늦깎이 빗물 되어
젖다가 흐르다가

축하연

다가오면 살 떨리던 느낌이
어느 날부터 끊어졌다고
그녀는 부부사랑을 걱정했다

자기 멋대로에다가
친가 지향적인 성격 때문에
그녀는 가슴앓이를 한다고 했다

때때로 시답잖다고 무시하고
다름을 틀린다고 차별해대서
그녀는 부부싸움도 잦다고 했다

맞춰가며 이해하는 동안
그녀가 흘린 눈물은
몇 마지기 논에 물 댈 만큼이나 된다고 했다

그렇게 견딘 세월 뒤에
그녀가 그려놓은 아름다운 부부의 고희연

그녀의 날개는 학처럼 고와서
나 내조의 여왕으로 부르고 싶다

유효한 태풍

꼬막양념장이다. 소금물에 씻기고 냄비에 삶기고 양념에 버물렸다. 광을 낸 냉탕 온탕에 붉은 화장. 안달이 침샘을 부린다. 자근자근 씹는다. 기억을 들쑤시는 간간하고 졸깃졸깃하고 배릿한 깊은 맛. '맞다. 짭짜름한 맛과 쫄깃한 육질이 벌교 태생 맞다.' "아지메, 꼬막 벌교서 온 거지요? 하나 더 내주소." "더 몬 준다. 꼬막 값이 다락 그타." "꼬막이 깊은 바다로 내뺏뿐는 갑지요?" "태풍이 없었다나." '그래, 한 판 뒤엎는 태풍이 필요해.'

아내의 엄마공부

구절초 같은 엄마 서리 맞았다. 건강 탓일까. 계절 탓일까. 외로움 탓일까. 치맛자락 붙잡고 컨디션 채근하는 딸. 물끄러미 바라보던 엄마가 붉은 탯줄소리 듣는다. "나도 엄마가 살아 계셨으면 얼마나 좋을까!" 젖은 엄마의 눈이 창밖 양떼구름을 굴린다. "갑자기 왜?" 불쑥 내지르는 딸의 한마디. "물어볼 것도 있고 먹고 싶은 것도 있고……." 엄마의 빗금 말끝이 침묵으로 든다. '아! 그렇구나. 엄마에게도 엄마가 계셨었지…….' 오랜만의 모녀상봉, 아내는 아직도 엄마공부 중

양상군자梁上君子

평생 살겠다며 손수 지은
철근 대리석 칠갑한 그 집
안면 몰수하는 대문이
비상벨 보초 세웠다

심야의 불청객
월장하던 발자국 소리
문 따던 금속 소리
꾹꾹 찍어놓은 신발 자국
오그라졌던 심장이 기억의 공포를 더듬는다

불면의 하얀 밤이 앞장서
아파트로 줄행랑쳤던 삼십 년 전의 좌절이
높은 담장에 마침표로 찍혀있다

인간만사 새옹지마
밤손님에게 쫓겨나간 이사가
살림 늘린 재테크가 되었으니

지금은 남의 집이어도
양상군자라 한다

석탑

엑스레이 사진을 들여다본다
나의 골조 석탑 같다

머리통이 큰 아이 둘이서
손을 맞잡고 서 있다
잇바디가 얼기설기한 써레가 있고
먹장구름과 얼어붙은 시냇물
깜깜한 어둠 속 서낭당 은행나무도 보인다
내 몸 어느 뼈 한 구석을 차지하고 있다

덕지덕지 붙은 허연 딱지는
좌우 얻어맞은 샌드백의 흔적
담배사랑 사십 년이 남긴
얼룩이 깊다

흑백사진 속 나의 구조물에서
보이지 않는 것을 보이게 하려는
한 구절의 시도 보인다

탑신 상부의 연꽃
아직 피어나지 않은 봉오리
단단하다

겨울 장미

승강기에서 만난 윗집 아저씨
의례적인 인사말
"할머니 어디 가세요?"

아내의 한 마디
"내가 왜 아저씨 할머니에요?"

반주로 소주 한 병 주문받은 아줌마 종업원
"할머니도 잔이 필요하세요?"

'같이 늙어가면서 여자가 여자를 몰라주다니'

"아직도 아줌마라서 잔이 필요하네요."

아내의 올라간 말끝이
발끈 뾰족하다

연말

마지막 달력 달랑 한 장에
새것에 밀려서 버려지는 헌것처럼
가여운 나뭇잎 붙어있다

새해로 건너가야 하는
달력 속 외길이어서
외롭고 슬프다.

떠맡아 짊어진 한 해의 업보
상처투성이 묵은 연말은
언 빗장 속에서 흔들리는 지느러미

머릿속 비워 가슴 채우는
겨울 속 겨울나무로 서서
마음 헐거워진 몸통으로
생과의 조우를 위해
얼어붙은 땅속에 도사린 뿌리,

등짝 휜 풀들 안부를 묻는다

섣달그믐날 1

가마솥 물 데워 묵은 때 벗기고
몇 날 며칠 열심히 꼽은 손가락
돌로 문질러 벗겨낸 터실터실한 손등
맨솔다마 발라 쬐던 호롱불

선달그믐날 2

다락에 모셔놓았던 새 운동화
밑바닥 혹혹 불어가면서 신었다 벗었다
치수 헐렁했던 설빔도
입었다 벗었다 여러 번

섣달그믐날 3

검은 눈썹 새벽닭 우는 소리 기다렸지
기다리다 깜빡 감겼던 놀란 눈
문 틈새로 들이미는 어둑새벽에 들켜
여린 가슴 콩닥콩닥 콩이 튀었지

시산제

낙타봉 좁은 돌계단 가장자리
옷 벗은 어린나무들
시린 몸 가누느라 처연하다

건너편 제왕봉 산신령님 향해
정갈한 제물 차려놓고
동아리 일곱 머리 조아린다
안전을 기원하고 나니
몸은 시려도 마음은 뜨겁다

진눈개비 비 떼어 눈 만드시는
산신령님 재주 앞에
응답은 미끄러운 눈길이어도
보장받은 안전일 것

내리는 팔공산 함박눈
흰 웃음 주고받는다

앗싸! 불뚝

비슬산 천왕봉 오르는 바윗길
몸이 가장 가벼운 친구에게
넋두리처럼 묻는다

‘나이는 이길 수 없는 갑제’
‘옛날 같으면 노인장 아닌가배’

듣기 거북한 ‘노인장’
‘아니지 팔푼이 세대라 했잖아’
그러면 체력나이 오십대 중반

몸은 무겁고 숨이 차서
내가 밧줄을 잡고 있는지
밧줄이 나를 잡고 있는지
모호해진 분간 속에 나는 서 있다

앞장선 다람쥐 동동 굴리는 눈이
댓바람에 놀라도록

앗싸!

불뚝 힘이여 솟아라

* 팔푼이 세대 : 오늘날 건강나이가 부모 세대의 80% 수준 이라는 비유

해설

사소한 일상의 가치를 해학적 성찰로 빚은 詩香

박 윤 배 | 시인

1. 수필가에서 시인으로

은종일 시인의 이번 시집 원고를 읽는다. "일상으로부터 진화하는 몸짓이다"라는 결론에 이른다. 이는 단순히 그가 수필이나 산문의 세계에서 시의 세계로 건너왔음을 두고 하는 말이 아니다. 무릇 문학이란 삶이라는 모호하고 불투명한 실체를 속속들이 묘사하기에는 언어가 가지는 한계가 있는 법이다. 단지 묘사란 사실에 근접한 정도일 뿐, 실재의 정확성을 드러내진 못한다는 것은 이미 알려진 사실이다. 그러한 사실을 이미 간파한 듯 시인은 무수한 영감의 여러 갈래 중 한 장면에 집중한다. 적절한 매개물을 통해 과거를 반추한다. 그리고 그렇게 반추된 사실을 자기만의 지각 대상으로 설정하고 말이 아닌 형상화를 통해 의미를 다의적으로 해석하려 했다는 점에서 앞으로 그의 시적 행보가 기대된다.

시인 은종일, 그가 추구하는 삶의 해석방법은 그가 살아오면서 쌓은 연륜이 주는 지혜와 혜안에 닿아 있다. 감각의 촉은 구석구석을 거울처럼 비춘다. 심각하게 혹은 평범하게 전개된 이야기의 한 토막에 서정의 옷을 입혀내는 시는 깊이와 질량이 예사롭지 않다. 오랫동안 시를 써온 것은 아니지만 수필을 통해 다져진 "글맛"의 요리가 어느 경지에 이르러 있음에 이번에 묶는 시들은 나름 수필이 주는 감동에 상상력이 보태어진다. 그의 시를 접하는 독자들은 그가 평소에 인간적으로 보여준 넉넉한 품성의 실체와 일맥상통하는 새로운 시각을 만나는 즐거움을 얻게 될 것이다.

한편 그의 시에는 사람을 편안하게 하는 넉살의 미덕이 있다. 어쩌면 그가 지닌 성정의 내면에는 급하지 않은 선비적인 자세와 관망의 욕구가 있기 때문일 것이다. 누구나 쉽게는 꺼내지 못할 감정의 찌꺼기들이 그의 시 전편에서 따듯한 렌즈를 통해 시각화되고 있다. 발상의 자유로움에는 아직은 수필의 문장에 익숙

한 그로서는 넘어야 할 산이긴 하지만 어법에서 카타르시스의 흔적이 보인다. 그것은 일상의 사소함에서 입은 상처를 아물려 줄 연고처럼 부드럽다. 그런 상처의 흔적들을 다룸에 있어 가끔은 적절한 매개물로 또는 묘사 없는 경험언어로 진술된다.

한편으로 공간상징과 알레고리의 복잡한 장치가 없음은 시를 편안하게는 하지만 낯선 비유를 동원하지 않으면 나른한 시로 전락할 위험성을 지닌다. 누구도 흉내 내지 못할 자신의 색깔 혹은 세계를 창조하려는 노력은 이번 시집 이후 해결해야 할 커다란 과제라고 할 수 있다. 그렇게 경험만으로 진정성은 얻었으니, 이젠 뛰어난 직관을 통한 사유의 그릇에 연륜이 얻은 경험을 담을 차례다. 그의 시는 너른 공감대를 갖고 있다고는 보여지며, 다음과 같은 시는 수필에 길들여진 그로서는 시의 맛에 가장 접근한 수작이다. 동시에 시인 은종일의 시적 가능성을 가장 잘 보여주는 작품일 것이다.

물 찬 제비 꽁지깃
꽃잎 날개로 일어섰다

방천 둑 아래 오줌 누던
건넛집 순희 벌떡 일어서며

미처 끄집어 올리지 못한 민망의 안쪽이
보랏빛으로 촉촉할 때
내 헛기침 소리는
달려든 순희에게 뭇매를 맞았다

오랑캐새끼, 오랑캐새끼

꼬집히고 꼬집혀 퍼렇던 그날의 팔뚝에
누가
또
쳐들어온다

—「아직도 오랑캐꽃」 전문

이 한 편의 시에 버무려진 해학적 요소는 어쩌면 그의 시 전편에 깔린 내면 욕구의 분출 방법을 잘 보여준다고 할 수 있다. 누구나 쉽게 꺼내지 못하는 감정의 찌꺼기들을 이만큼 간결한 시어로 혹은 참신한 형식을 빌려 구애받지 않는 발상으로 카타르시스 어법을 보여준다는 것은 놀라운 경지다. 가끔은 적절한 상관물을 가져오기도 한다. 그러나 있는 그대로의 경험들을 묘사와 진술로 이룬 이 시는 알레고리의 복잡한 장치를 외면하는 듯도 보인다. 누구나 한 번쯤은 생각할 수 있는 사유의 범주를 시에 담는다는 것은 공감대가 있는 시를 쓰겠다는 은연중의 의도로 비춰진다.

위의 시 「아직도 오랑캐꽃」은 '오랑캐 새끼 오랑캐 새끼'라고 반복되는 비속어의 리듬이 묘한 맛으로 읽혀진다. 오랑캐꽃을 보다가 과거의 기억 한 자락이 떠오른 건지, 오랑캐라는 어원이 식물인 오랑캐꽃을 데려온 건지 그건 알 수 없으나 1연에서 오랑캐꽃을 물찬 제비 꽁지깃으로 묘사되다가 '일어섰다'로 시의 활력을 보탠다. 현재 시인의 심정이 그러하다는 이야기일 수도 있으며, 어떤 암시를 위한 장치로 1연은 이미지로 제시되고 있다. 2연에서는 순희가 등장하는데, 어릴 적 보았던 민망의 안쪽이 적나라하게 묘사됨은 실재의 너머다. 어찌 오줌 누다 벌떡 일어났다고 해서 촉급한 순간에 어찌 촉촉한 보랏빛을 볼 수 있단 말인가. 그건 아주 오래된 희미한 기억 위에 근자의 기억이 접목되어 나타난 결과물일 것이다. 과거와 현재가 슬그머니 보태어지기도 하면서 시공간을 뛰어넘는 시인은 새로운 상상력을 만들어내게 되고 새로운 이미지의 오버랩이란 과정을 거쳐서 3연에 이른다. 그날 순희에게 꼬집힌 팔뚝이 오늘 본 제비꽃으로 현현되는 과정이 오늘날 역사의 그늘 한 자락과 다르지 않다. 세계정세 속에서 거대제국이 된 중국 그리고 압박 대상이 된 현실과 맞물려 오랑캐꽃을 바라보는 그의 세계관은 예리한 주관을 드러낸다. 이 한 편의 시가 갖는 이미지에는 산문이 갖지 못하는 상징과 상상력의 변주를 보여주는 진폭 큰 울림이 있다.

시인 은종일은 '家'에서 '人'이 됨으로써 말하는 방식의 변화가 생겨난 것이다. 대개의 시인들이 평생에 좋은 시 서너 편을 쓸 수 있길 꿈꾸면서 시작에 몰입한다고 볼 때 아마도 이 시 「아직도 오랑캐꽃」은 앞으로 시인의 길로 들어섬에 있어 뛰어넘어야 할 자신의 첫 수작이 아닌가 싶다. 제목에 있어서도 그냥 오랑캐꽃이 아닌, '아직도'라는 부사가 주는 암시 효과도 여타 꽃을 노래한 시들과는 차별성을 가지며, 진정성과 스케일 그리고 해학적 요소를 골고루 갖추고 있다. 민망의 안쪽이 촉촉한 보랏빛임을 찾아내는 시인의 세밀한 눈길은 시를 더욱 탄탄한 의미망 속에 담아 형상화를 꾀하고 있음에 시집 전체에 수록된 시들에 사뭇 첫 생각을 어떻게 끌고 갈 것인지 궁금증을 자아내게 한다. 또한 구조적으로도 나무랄 데 없는 탄탄함도 가지고 있다.

2. 수록된 시들의 안과 밖 엿보기

이렇듯 산문과 구별되는 함축과 여백의 백미를 보여준 시 「아직도 오랑캐꽃」은 뛰어난 시다.

이번 시집 『사소한 자각』에 수록된 다른 시들도 독자의 이해를 돕기 위해 혹은 서정 환기를 위해 일일이 한 편씩 살펴보고 시가 주는 감동이나 시인 은종일이 만난 경험들과 사유가 어떻게 삶을 해석하고 개척해내는지, 또 그러한 내용 혹은 형식들 그리고 좋은 문장들에게 꼬리 글을 다는 것 또한 새로운 시집 해설로 유용하지 싶어 한 편씩 그 느낌을 나열해보고자 한다. 이러한 방법은 단순하게 해설자 개인이 감정일 수도 있고 시집을 접하고 시를 읽는 독자의 상상력을 방해할 수도 있다. 그러나 밝히는바 그냥 개인적인 느낌이고 단지 약간의 이해를 돕는다는 차원에서 참고가 되면 좋겠다.

은종일 시 「명암의 묶음」 중 몽땅한 싸리비는 겨울에서 봄이 찾아오는 과정의 혹독한 인생사를 싸리비의 한 생이 어떻게 소멸해가는가를 통해 통찰의 시각으로 보여준다. 「봄날의 작심」은 시인이 만년의 작심으로 낙타봉을 오르며 쓴 시로 어머니를 찾아가는 심정을 묘사하고 있고 「봄의 초탈」은 탱자나무와 까치를 통해 가족사를 드러낸 시이며 「경칩동산」은 알의 부화하는 과정과 누이의 그리움과 일치하는 생과 사의 경계를 노래했고 「청암사 춘색」은 겨울이 어떻게 봄을 만나는가? 그 현장을 살핀 시이고 「오월」은 잎보다 꽃을 먼저 피우는 나무의 심리를 생존과 사후라는 직관의 눈으로 노래한 시이다.

「가고 오는」에서는 두류공원이 평일 붐비는 이유가 꽃 때문이라고 너스레를 떤다. 「오늘이 청명」은 할머니의 지팡이도 잎을 피우는 청명 날 하늘을 향해 환한 체위를 보임으로써 발정난 개구리의 심사를 노래했으며 「석류」는 시인의 시 전편에서 많이 등장하는 술에 얽힌 에피소드다. 어쩌면 슬픈 혹은 해학적인 발상의 시로서 한편으로 함께 자주 술 마시던 친구의 임종 앞둔 모습을 석류가 있는 석류나무식당을 배경으로 우화적으로 묘사한 자전적인 시다.

「구멍」은 골프를 통해 108mm 구멍과 백팔번뇌의 관계를 상상하는 시인의 재치가 빛나며 「마지막 부탁」은 죽음을 앞둔 친구와 주고받은 말의 형식이다. 그가 남긴 부탁을 통해 죽음의 무게로부터 가벼워지는 자신을 해학적으로 드러내고 있다.

「해후」는 무릎 맞대던 병정놀이 악동 친구 넷을 만나 술값 계산 못 한 자신을 힐책하는 시일 것이고 「미루나무와 탱자나무 사이」는 친구 사이에 돈 빌리고 갚지 못하는 처지와 받으려는 친구 사이 시비에서, 신용불량 돈 없는 친구의 편을 들어주었던 자신이 나중에

다른 친구로부터 미움 살까 걱정되는 마음을 가감 없이 적어 내려간 시다.

「동조」는 띠가 다른 친구 넷이 술 먹는 이야기다. 술은 그에게 있어 그만큼 어떤 관계의 실마리가 되고 있음이 슬쩍 엿보인다. 「넘어진 거울」, 서 있는 거울인 나와 넘어진 거울 사이 즉 생과 사의 관계 속에서 자신에게 건너오는 산비둘기의 목털 빛 손수건 한 장 그건 아마도 초록을 버린 퇴색의 가랑잎 빛깔일 것이고 그가 현실과 죽음을 보는 눈은 종교적 성찰의 다름 아님이 느껴지는 시다.

「죽 만들다」는 죽을 통한 증조부의 가난 이야기다. 「물 만다」는 손님 밥상 남은 밥을 기다리다 손님이 남기지 않고 물에 마는 장면에서 아이가 터트린 외침을 시로 쓰고 있다. 「알고도 모르는」, 아파트 엘리베이터에서 사람과 사람의 마주침에서 생겨나는 감정을 넉살스레 표현한 시다. 그게 수평이 아닌 수직 골목이라니! 「조소 씹다」에서는 대마도 역사민속자료관에 걸린 조선조 명종 수직교지가 왜 저기 걸렸는지, 의문을 추적함으로써 나름 그러한 작태에 호기를 보여준다.

「내가 법주사」, 속리사라면 속리산 법주사인 걸로만 아는 사람들에게 커다란 왕맷돌을 근거로 내가 어릴 적 엄마 손잡고 갔던, 군위 청화산의 법주사가 예전에는 더 커다란 절이었음을 알림과 동시에 자신의 존재를 부처님에게 다시 한 번 확인하는, 그러면서 넙죽 절하는 시이다.

「풋고추」에서는 어느 날 누이가 보내온 풋고추를 보며 시적 발상을 얻는다. 어떻게 먹을까? 하는 질문에 허술한 고추 포대인 자신을 본다. 그리곤 빙그레 웃음으로 더 많은 말을 감출 줄 안다.

「산중낚시」는 산중에서 포교하는 여인을 만나 여인과의 조우에서 지난날 죄업을 떠올린다. 「참나리 꽃」은 철거를 앞둔 동네이지만 꽃은 핀다는, 그러한 참나리꽃과 내가 상견례로 마주하는 심정과 동작을 의인화를 통해 보여준다.

「스케치북 열다」에서는 국수를 다 밀고 난 홍두깨에서 과거 기억 속 숙모를 만나고 그 당시 풍광을 회상의 언어로 그려낸다. 도깨비를 만나고 여름은 그렇게 베고 누운 어머니의 무릎과 다르지 않음을 회고적 시점으로 드러낸다. 「농심」은 논두렁 콩 심던 기억을 맑게 쓴 마음의 시다.

「산길에서」는 자연과 벗 삼아 산에 오른 자신과 혹은 아들이 오른 만큼 오르면 내려가야 함을 교훈적으로 다루고 있다. 「제비꽃」은 짧은 시에 의미를 함축시킨 상상력이 탁월하다. 어머니의 묘지, 멧돼지와 제비

꽃을 연상하여 하나의 고리에 제대로 꿰었다.

「능소화」 궁중 여인과 서정시를 좋아하는 K시인 그리고 내가 찍어 전송하는 오늘의 능소화는 어떤 관계일까. 모두다 실연의 아픔을 안다는 것인지..., 다시 너도 나도 함께 능소화처럼 누워보는 그런 눈빛이 어쩌면 시인의 맑은 눈빛은 아닐까.

「엉겅퀴 피는 이유」, 엉겅퀴와 안지랑 홍마담 그 웃음이 감추고 있는 가시의 비밀이 궁금한 시다. 「내력」은 한 그루 은행나무의 이주 경로와 몸체가 썩어 문드러지면서 새로 피워 올린 어린 가지 다섯 줄기가 희망의 내력임을 들려주는 시다.

「사소한 자각」 시인의 시집 제목이 된 시. 이 시는 그가 얼마나 사소한 일상의 자각을 사소하지 않게 다루고 있는지를 보여준다. 존재에 대한 깊은 물음을 던지는 시다. 「뱃살」 술과 뱃살의 관계 그리고 술에 의해 지하철 계단을 오르는 숨찬 걸음의 경험에 대해 불어난 뱃살에 대한 고찰을 나름대로 별이라는 낯선 이미지와 결합하려는 시도를 보여준다.

「달팽이 행적」 장맛비 속에서 속도가 느려진 달팽이 그의 껍질이 집이라니! 그 집을 버릴 수 없음에 우리는 뼈를 깎는 소용돌이 속에서 살아가는 것일 거라고……. 「담쟁이덩굴」 나와 담쟁이 넝쿨 그 허공의 경전 더듬기는 얼마나 힘겨운 일인가 「막걸리 이야기」 막걸리 그 맛! 특히 견딤의 대명사 종부가 빚은 막걸리는 그 맛이 고분고분해서 슬픔도 분노도 뭉근해진다는 시인의 술 예찬이 잘 드러난 시다.

「골목길 가로등」 하필이면 왜 골목길 가로등이어야만 하는가. 고단한 하루를 건너온 사람에게 의미가 되기에 가로등은 충분히 당당하다고 읽어내는 시인의 눈은 얼마나 따듯한가? 해서 머지않아 찾아온 첫사랑도 보듬어줄 가로등으로 환치시키는 시인 「늘그막 부부」 늘그막에 두 손을 맞잡고 걷는 부부의 모습이 부러운 산길이라니! 손은 그리하여 믿음으로 잡혀지고 나밖에 없다던 여보가 자기 밖에 나를 두고 혼자 걸으니, 은근히 심술이 나는 시인. 「무정란 편지」는 「아직도 오랑캐꽃」에 이은 또 하나의 수작이다. 군복무를 위한 입대 무렵 애인이 편지에 답장을 보내달라고 보낸 150매 우표뭉치를 군대 앞산 산비탈에 데려다 놓는, 그러니 산에 피는 모든 꽃들이 쥐의 이빨냄새가 날 수밖에, 무정란도 기다림이 길어지면 꽃으로 부화된다는 놀라운 사실을 제대로 형상화된 시로 보여주고 있다.

그녀가 내민 군 입대선물
책 한 권 읽으라고

눈물얼룩 포장을 벗겼더니
일주일에 한 통으로 계산된 150매 우표뭉치

그녀에게 붙여 보낸 것은 딱 한 장
나머지는 쥐가 물고 가버렸다

약속의 무게는 점점 줄어만 갔고
들쥐가 나눠 붙였을 그만큼의 편지들이
군부대 앞산 비탈에
사철 꽃을 피웠다

첫사랑은 무정란 같다는 말
오늘 나는 꽃핀 풍경사진 한 장을
기다림에 눈 깊어진 그녀에게
보낸다

— 「무정란 편지」 전문

시인 은종일의 또 다른 시 「아우성」은 작은 부조화가 세상을 어지럽힌다는 직관을 간판디자이너를 통해 몰개성의 시대를 은근슬쩍 비판하고 있고 「팔마도」는 보는 곳이 다른 여덟 마리의 말이 금력 밖에서 더 잘 달릴 수 있겠다는 문득 떠오른 생각에 시인은 자신도 한 마리 말이 되어 구마도가 되는 시다.

「동양란」은 난을 보는 눈 / 너를 보는 눈 / 나를 보는 눈 / 그런 눈이 피운 꽃이 / 가늘게 뜨는 눈을 / 닮았다는 사실을 / 예리하게 발견하고 있다.

「붉다」는 봄꽃 올라가며 닦은 길로 단풍이 달려 내려온다는 아주 평범한 삶의 경험의 직관이 담긴 시다. 「치성의 자리」는 매개물인 장송을 통해 전형적인 기억 더듬기의 기법으로 쓰여진 시이다. 과수의 결기 어머니의 치성 자리를 찾은 시인의 눈시울은 붉었으리라. 아마도 소쩍새는 예나 지금이나 심청전을 읽어주는 듯…….

「스크럼」은 태풍에 넘어진 장송에서 반세기의 삶을 읽고 그렇게 드러난 그 뿌리의 고단함을 누군가에게 알리는 시, 그 누군가의 대상이 독불장군! 「그 꽃」 들에 피는 국화가 모두 들국화일 수도 있고, 아닐 수도 있겠다는 생각의 엉뚱함. 어쩌면 애타게 찾는 들국화는 시인이 꿈꾸는 이상 세계가 아닐까.

「입추」 설친 잠을 뿌리치는 밀문에서 귀뚜라미를 붙잡고 돌려보내기 위한 마중의 자리 곧 대합실도 저리 소란하다는 시인, 그 또한 제대로 입추에 든 것 「칠포 밤 바닷가」 해수욕장 인파들 철 지나 순식간에 빠져나간 휑한 칠포 바닷가, 사라짐 이후에 남은 공허에서 시인은 무었을 읽었을까! 「낭자길」 고향 낭자로 가는 길은 늘 시인에게 그리움의 길이 아니었을까. 결국 그런 길을 두고 천평 삼거리에서 갈등을 드러내는데 그런 갈등은 사실 그리움의 또 다른 몸짓일 것이다. 「호수의 눈」 시월 호수는 커다란 눈이다. 오래전 날린 잠자리도 나도 호수의 그늘에 갇혀있음을 물의 상상력을 통해 형상화하고 있다.

「고향에 살고 싶다」 고향에 대한 그리움이 드문드문 은종일 시의 바탕이 된다. 지명과 함께 유년의 추억들이 한 폭 그림이 되어 파노라마로 그려지고 있다. 「벌초」 벌초로 드러난 시인의 죽음에 대한 관점은 죽음은 삶과 결별된 다른 세계가 아닌 현생 그 자체이다. 장마 뒤의 일떠서는 할머니 할아버지도 그러하고 예초기 돌리는 동안 한 시간만 참아달라는 화법에 깎여나가는 풀의 향기를 마시는 할아버지를 떠올리고 있다. 「축제」 금달래라는 민담 속에 내려오는 인물을 데려와서 기억 속 한 장면을 축제라는 형식으로 재현하고 있다.

「공덕비, 비문이 아닌 소리로 듣는」 여행 중에 만난 공덕비가 겪는 시대의 변화에 따른 수난사를 시로 기록하고 있다. 「와불」 북지장사 풍광이 시로 그려지면서 까마귀에게 밥 대접하는 감나무가 부처라고 엉뚱한 생각을 해 본다. 「순교」 고추가 어떻게 순교를 하는지, 마지막까지 몸을 태워 바치는 고추와 종교적 성찰이 만난 시다. 「동아리 합창」 일곱이서 700회에 이르는 산행기록을 1,000회까지 하자는 다짐을 시로 적었다. 결국 다짐은 뚝배기 술잔에서 의기투합 흥건해지고, 「속다」 안방 여인들은 사극 속 정난정을 왜 두들겨 팰까. 하필이면 미운오리식당에서 그것도 방제가 집오리실인 방에서, 「거미집 들다」 성채의 요새 허공 빗장을 여는 무당거미를 시인은 본다. 이슬도 함께 본다. 그물로 짜인 집에 갇힌 자신의 모습을 보는 건 두 눈 부라린 자신일 수도 「골목 1, 골목 2」 골목에는 엿장수 가위질 소리가 있다. 소꿉놀이 색시 순희가 있다. 민들레 밥상이 먹고 싶다.

「달 가슴」 보쌈해 온 돌, 그것도 문무대왕 능 앞 바다에서 그렇게 가져온 돌은 언제나 보름이고, 각을 버리고서야 얻은 달이고, 나를 바라보게 하는 자각의 거울이다. 제대로 가슴 뭉클하게 하는 흑요석 한가운데 박힌 달, 「하매 이월」 열 달 중에 가장 덩치가 작은 이월에게 하매를 붙여주는 시인의 미덕. 「안개를 당기다」 흘러감으로 흘러온다는 이치를 방패연에 실어 날리다 「바람의 군무」 갈대도 늙으면 가쁜 숨소리를 낸다는 사실, 「바람을 낳다」 비탈에 매달려 산을 오르는 사람들 그들은 산을 안은 것이리라. 「주상절리」 주상절리는 주름치마! 더듬는 파도에 게가 들려주는 몸의 이야기가 먼저라고 하는 그 주상절리는 오르가즘을 알까. 그래서 포말은 흰가? 「휴전선」 휴전선은 밉도록 가깝고 서럽도록 멀다. 「유효한 태풍」 태풍이 있어야 그해 꼬막 값이 싸진다는 사실. 「축하연」 견딤의 세월 뒤에 맞는 고희연, 내조의 여왕으로 등극한 그녀의 지난 세월을 누가 알아줄까? 알아준다고 맑고 가벼워질까?

「길 메타스퀘어 욕망」 황사 날리는 오월 하늘길 원뿔 메타세콰이어를 본다. 같은 나이테 연륜인데도 높고 낮음의 차이를 나무는 가졌다. 무늬만 아버지인 나를 반성의 눈으로 읽고 있다. 대박을 겨누다가 뚝뚝 떨어져 나간 파편들. 「시래기 걸린 자리」 처마 밑에 걸린 시래기는 향수의 책갈피, 「아내의 엄마공부」 서리 맞은 구절초는 엄마 같다. 오랜만의 상봉 아내는 아직도 엄마공부 중. 「겨울 장미」 여자인 아내를 이해하는 시인의 나이 「양상군자」 밤손님에 놀라 이사한 집 지금은 남의 집이어도 재테크의 바탕이 되었으니, 양상군자라는 말이 생각났다는 시인, 「석탑」 엑스레이 사진 속 나의 골조에 석탑, 손잡은 아이, 담배 사랑 사십년이 남긴 얼룩도 보이는 그러나 아직은 피지 않은 탑신 상부는 연꽃봉오리, 그건 그래도 미완의 석탑이자 아직 희망인. 「연말」 연말은 언 빗장 속에서 흔들리는 지느러미 「선달 그믐날 1, 2, 3」 유년이여! 선달 그믐날이면 언제나 고스란히 돌아오는 추억이여! 「시산제」 스스로 안전에 대한 다짐 「앗싸! 불뚝」 산과 나이 사이 팔푼이 세대를 꿈꾸는 시인

3. 일상의 자각들이 이룬 해학의 세계

은종일 시인의 시에는 절박함이 어느 순간 묘하게도 뭉근해지며 다시 웃음을 자아내게 하는 특징이 있다. 이는 세상의 이치를 나름 터득한 경지에서나 가능한 사유일 것이다.

알베르 까뮈의 작가 노트에 나오는 한 사람 이야기를 거론하자면 임종하는 자리에서 그에게 원하는 것이 무엇이냐고 물었는데 뜻밖에도 '이쑤시개'였다고 한다. 사람들은 그때 웃었다. 해설자인 나도 은종일 시인의 시를 읽다가 몇 번이나 웃었다. 사람들은 그 이야기를 듣고 웃을 뿐 아무도 그 기막힌 교훈을 이해하지 못한다. 오직 이쑤시개 정도일 뿐 이쑤시개 이상도 이하도 아닌 것–이것이 바로 이 열광적인 삶의 모든 가치라는 말을 나는 은종일의 시에서 보았다.

은종일 시인은 삶을 곡진하게 바라보려는 눈길로 사실적인 진정성을 넘어 해학과 우화적으로 표현하는

데 별다른 형식의 구애를 받지 않는다. 그의 시편들은 살아온 연륜에 의한 어떤 해답을 깨달음의 언어로 표현하는가 하면 과거로부터 길어 올린 기억의 실마리들이 상상의 진폭과 개인사적인 환경적 요소에 의해 다소 낯선 기억의 옷으로 입혀지기도 한다. 그러므로 그의 시는 일상의 사소한 이야기이지만 절실하고 열광적인 이쑤시개의 다름 아니다. 시인은 오늘을 조망하고 자신을 치유하는 어떤 장치로서의 다양한 매개물들을 시 속으로 거침없이 끌어들인다.

이미 그는 문단에서 특히 수필 계에서는 나름 대가의 반열에 올라 있다. 또한 많은 독자와 동료 문인들로부터 존경받는다는 것을 필자는 잘 알고 있다. 그는 또 탄탄한 신앙인이며 인격적으로도 훌륭한 분이라는 소문이 자자하다. 그러나 이번에 출간하는 시집만큼은 더 특별하다. 시인으로서 첫 걸음마의 결과물이다. 아마도 많은 분들이 깜짝 놀랄지도 모른다. 시집까지 내다니?

自序에서 밝히고 있듯이 그는 '家'인 동시에 이번 시집으로 '人' 의 자리를 확보한 셈인데, 이러한 변신을 꿈꾼 계기는 수필에 문학성의 옷을 어떻게 좀 더 탄탄히 입힐까 고민하던 중에 시를 공부하게 된 것이 이번 시집까지 출간한 계기가 된 것이다. 시적인 감성을 갖는 것이 문학인의 기본적인 소양임을 아는 그는, 시를 알아가던 중 그 결과물로 이번 시집을 상재하는 성과를 이룬 셈이다. 그가 서문에서 '人'으로 자유롭고 싶다고 했으니, 아마도 그의 문학은 이번 시집 이후 자유로워질 것이다. 또한 시의 이해 없이 여러 문학 장르의 창작을 꿈꾸는 문학도들에게도 연금술의 연마와 깊이 있는 사유의 필요성 그리고 문학정신의 모태가 시임을 알리는 하나의 계기가 될 것이다.

형상시인선 12 **은종일 시집**

사소한 자각

인쇄| 2017년 6월 26일
발행| 2017년 6월 30일

글쓴**이**| 은종일
펴낸이| 장호병
펴낸곳| 북랜드
06252 서울 강남구 강남대로 320, 1108호(황화빌딩)
대표전화 (02) 732-4574 | (053) 252-9114
팩시밀리 (02) 734-4574 | (053) 252-9334

등 록 일| 1999년 11월 11일
등록번호| 제13-615호
홈페이지| www.bookland.co.kr
이-메 일| bookland@hanmail.net

책임편집| 김인옥
교 열| 배성숙

ISBN 978-89-7787-718-4 03810
값 10,000 원